JN055399

クスッと フレーズで心が近づく

一人二役英会話

浦島 久
アーロン・クラーク 著

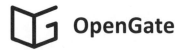

OpenGate

イラスト	矢戸優人
装丁・本文デザイン	萩原哲也（株式会社創樹）
DTP	株式会社創樹
録音・編集	株式会社ジェイルハウス・ミュージック
ナレーション	Josh Keller、Karen Haedrich

はじめに

2020年2月、考えてもいなかったことが起こりました。コロナウイルス感染が拡大し、全世界がパニックに。私が経営する英語学校「ジョイ・イングリッシュ・アカデミー」も休校になりました。それも約1カ月半も。ジョイの44年の歴史の中で、こんなに長く休むのは初めての経験でした。

これは経営者として資質が試された時間でした。私は休校期間中3つのことをしようと考えました。そのひとつが英会話書の出版です。コロナ禍の中では、人と人が直接会うことも難しい。そんな状況下でも使える英会話書を出したいと考えたのでした。そんなときに浮かんだのがこの本のコンセプト、一人でもできる英会話ダイアログだったのです。

通常、対話文はAとB、二人で練習するのが一般的です。それを一人でやるのです。イメージとしては落語の手法です。落語は一人で二役をこなします。そんなことを念頭に対話文の制作が始まりました。対話文は一般的には場面別のものが多いのですが、私はあえて話題別にすることにしました。理由は、外出しなくても使える可能性が高いからです。

ある程度の数の対話文ができたときに、交流のある落語家、桂かい枝さんに見てもらうことにしました。かい枝さんは英語落語の第一人者で、今回の企画を相談するには最適の人です。対話文をすらすら読んで返ってきたコメントは、「せっかくだから全部にオチをつけては？」ということでした。

ハードルがワンランク上がりました。正直、笑いの素人にそんなことができるのか自信はありませんでした。でも、チャレンジすることに決めました！ オチと言っても、あまりに現実とかけ離れた話にはしませんでした。あくまでも普通の会話で使える対話文にしたかったからです。ない頭を使い完成した対話文を見て、かい枝さんは「おもしろい！」。落語家から太鼓判をもらいました！

「恥ずかしくて落語家の真似なんかできません」と言う人もいるかもしれません。そんな人は、顔を左に向けたり右に向けたりしながら、対話文を二役で練習することからのスタートで大丈夫です。これに違和感がなくなったら、声を少し変えてはどうでしょうか？　男性は少し低い声で。女性は少し高い声で。それでだけでもかなり雰囲気が出てきます。コロナ禍にも負けない、いつでもどこでも一人でできる英会話の本が完成しました。英会話をやりながらクスッと笑っていただければ幸いです。

最後になりましたが、本書の出版を快く引き受けてくれたオープンゲートの天谷社長、前書『聞ける、話せる、続けられる　英会話は質問力』と同様に親身に編集作業をしてくれた西村麻美さん、東京で活躍する帯広出身のイラストレーター矢戸優人さん、細かな作業を手伝ってくれたジョイのスタッフの本田理美さんに感謝申し上げます。そして、忘れては行けないのが帯に推薦の言葉を書いてくれた桂かい枝さんです。かい枝さんのアドバイスがなければこの本は別物になっていたかもしれません。ありがとうございました！

2021年5月

浦島　久

4

もくじ

Chapter 1 Personal Information　個人的なこと

Chapter 2 Everyday Life　日常生活のこと

Chapter 3 Leisure　余暇のこと

Chapter 4 Concerns and Worries　関心ごと・心配ごと

コラム

本書の使い方

本書は、「故郷」や「音楽」「オンライン学習」「ダイエット」など、さまざまなテーマの40のユニットで構成しています。どのユニットのダイアログも最後は「クスッと」笑えるオチになっているので、実際にフレーズを使うときはもちろん、トレーニング中も楽しく学ぶことができます。また、ひとつのテーマでTake 1とTake 2の二通りのダイアログをトレーニングするので、応用力も身につきます。

Step 1
まずは音声を聞いて、Take 1の会話の内容とどんなオチなのかを聞き取りましょう。

Step 2
Take 1のスクリプトを見て、聞き取れていたところと聞き取れなかったところを確認しましょう。また、日本語訳を見て、意味も確認しましょう。

Step 3
一人二役でTake 1のスクリプトを音読しましょう。いくつか音読の方法を紹介します。

- スクリプトを見て読み上げる
- 音声を聞きながら、スクリプトを見て読み上げる
- スクリプトを見ずに、音声を聞いてリピートする
- スクリプトを見ずに、音声を聞いてシャドーイングする

慣れてきたら、AとBで設定に合わせて声を少し変えてみてください。よりリアリティが出て、実際の会話をイメージしやすくなりますよ。

Step 4
スクリプトの二人になりきって会話してみましょう。その際、顔の向きを変えたり、声を変えたりしましょう。丸暗記する必要はありません。少しぐらい会話が違っても大丈夫です。少しアドリブをいれることができればさらにいいです。Take 2を聞くとその雰囲気がわかると思います。

① イラスト

　聞き取りのヒントになりすぎないように、イラストは会話の内容を直接的に表現はせず、あくまでもユニットテーマのイメージ図となるようにしています。

② Take 1

スクリプトで聞き取れたところ、聞き取れなかったところを確認しましょう。

Take 1では、できるだけ短縮形を使わず＊、オーソドックスな言い回しになっています。

＊一部の否定形は、短縮形のまま使用しています。

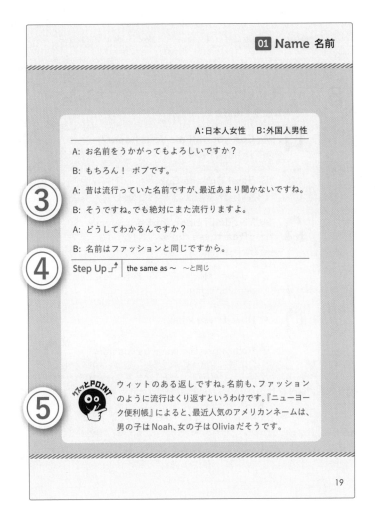

A:日本人女性　B:外国人男性

A: お名前をうかがってもよろしいですか？

B: もちろん！ ボブです。

③
A: 昔は流行っていた名前ですが、最近あまり聞かないですね。

B: そうですね。でも絶対にまた流行りますよ。

A: どうしてわかるんですか？

B: 名前はファッションと同じですから。

④ Step Up ♪ | the same as 〜　〜と同じ

⑤
クスッとPOINT
ウィットのある返しですね。名前も、ファッションのように流行はくり返すというわけです。『ニューヨーク便利帳』によると、最近人気のアメリカンネームは、男の子は Noah、女の子は Olivia だそうです。

19

③和訳
　オチのおもしろさが損なわれないように、本書では意訳気味に和訳しています。

④Step Up
　スクリプトの中で難しい単語や覚えておくべき単語をピックアップしています。

⑤クスッとPOINT
　オチの内容やおもしろさのポイントを簡単に説明しています。

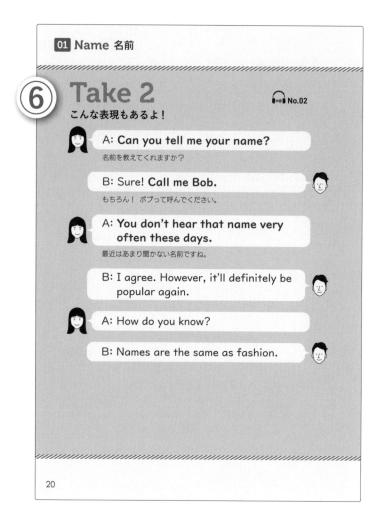

⑥ Take 2

同じシチュエーションや内容でも、使える言い回しがいくつかある場合があります。Take 2では、短縮形も使用し、Take 1に比べるとより会話的な表現になっています。

Take 1と違う表現のところには和訳をつけています。

音声ファイルの利用方法

本書に掲載しているダイアログの音声を、スマートフォンやPCにダウンロードできます。

 音声が収録されている箇所にはトラック番号を記載しています。

1. abceed アプリ（スマートフォンの場合）

本書の音声は、AI 英語教材アプリabceed無料のFreeプランでダウンロードして聞くことができます。

❶ ページ下のQRコードまたはURLから、無料アプリabceed（Android / iOS対応）をダウンロードしてください。

❷ 画面下の「見つける（虫めがねのアイコン）」タブをタップして、本書タイトルで検索します。表示された書影をタップし、音声の項目を選択すると、音声一覧画面へ遷移します。

❸ 再生したいトラックを選択すると音声が再生できます。また、倍速再生、区間リピートなど、学習に便利な機能がついています。

〈画面イメージ〉 ＊アプリの詳細については www.abceed.com にてご確認ください。

アプリダウンロードはこちら

https://www.abceed.com/

abceedは株式会社Globeeの商品です。

アプリについてのお問い合わせ先:
info@globeejp.com
（受付時間：平日の10時-18時）

2. 弊社ウェブサイト（PCの場合）

下記URLより弊社・株式会社オープンゲートのホームページにアクセスしていただき、本書の書影をクリックしてください。
https://openg.co.jp/
本書の紹介ページを下方にスクロールして**パソコンへのダウンロードはこちら**をクリックしてダウンロードしてください。
お問い合わせ先 ▶ 株式会社オープンゲート　Tel. 03-5213-4125（受付時間：平日の 10 時 -18 時）

Chapter 1
Personal Information
個人的なこと

Column

私のオンライン授業元年

私のオンライン授業初体験は2020年2月末、突然やってきました。まったく想定外だった新型コロナウイルスがあっという間に北海道の地方都市にも襲いかかり、小・中・高校はすべて、当然私が経営する英語学校もそれに右にならえで休校になってしまいました。1977年の開校以来、1カ月半も休んだのはもちろん初めてのことでした。

メカの弱さに定評がある（?）私は、授業のオンライン化はそれまでまったく考えていませんでした。でも、生徒が学校に来られない以上やるしかない、という結論は明らか。67歳だった私の脳裏に「引退」「事業停止」という文字も正直よぎりました。しかし、スタッフのことを考えると簡単にギブアップはできません。

そんな状況下、私の人生最後の挑戦が始まりました。Zoomを使っての授業です。それまでZoomの存在自体知らなかったのですが、ラッキーなことにZoomについて勉強していたスタッフがいて、彼女から教えてもらうことに。最初はビクビクもので、何度も相手の顔やこちらの資料が画面から行方不明になりました。

でも、今ではすっかり様変わり。英語学校の授業はもちろん、非常勤で教える大学の授業もオンラインでやっています。外部からオンラインセミナーを頼まれるようにもなりました。帯広にいながら、全国を対象にセミナーができるのです。セミナーには、全国どころか外国からも参加者がいます。すごい時代になりました！

Name

名前

🎧 No.01

会話を聞き取りましょう！
笑えたかな？

Take 1

一人二役で声に出して読んでみよう！

 A: May I ask your first name?

B: Sure! It is Bob.

 A: Bob used to be a popular name, but not any more.

B: I agree. However, it will definitely be popular again.

A: How do you know?

B: Names are the same as fashion.

A:日本人女性　　B:外国人男性

A: お名前をうかがってもよろしいですか？

B: もちろん！　ボブです。

A: 昔は流行っていた名前ですが、最近あまり聞かないですね。

B: そうですね。でも絶対にまた流行りますよ。

A: どうしてわかるんですか？

B: 名前はファッションと同じですから。

Step Up ♪ | the same as ～　～と同じ

ウィットのある返しですね。名前も、ファッションのように流行はくり返すというわけです。『ニューヨーク便利帳』によると、最近人気のアメリカンネームは、男の子はNoah、女の子はOliviaだそうです。

Take 2

 No.02

こんな表現もあるよ！

A: Can you tell me your name?

名前を教えてくれますか？

B: Sure! Call me Bob.

もちろん！ ボブって呼んでください。

A: You don't hear that name very often these days.

最近はあまり聞かない名前ですね。

B: I agree. However, it'll definitely be popular again.

A: How do you know?

B: Names are the same as fashion.

Birthdays

誕生日

No.03

会話を聞き取りましょう！
笑えたかな？

Take 1

一人二役で声に出して読んでみよう！

 A: It is my girlfriend's birthday next week, and I don't know what to get her!

B: What did she get you for your birthday?

 A: A pair of gloves.

B: Gloves? That is a very basic gift.

 A: Maybe I should go window shopping.

B: I don't know, windows seem like a strange present.

A: 来週が僕の彼女の誕生日なんだけど、何を買えばいいかわからないんだ。

B: あなたの誕生日には何をくれたの？

A: 手袋だよ。

B: 手袋？ とてもベーシックなプレゼントね。

A: たぶん僕はウインドーショッピングに行くべきだね。

B: どうかなあ。窓とは変わったプレゼントね。

Step Up ↱ | I don't know. どうかなあ。

 grocery shoppingが「食料品の買い物」なので、window shoppingを「窓の買い物」としたジョークになっています。ウインドーショッピングは、もちろんショーウインドーに並ぶ商品を見てまわること。本当に「窓を買う」と思う人はいないですね。

Take 2

こんな表現もあるよ！

A: I have to buy my girlfriend's birthday present, and I'm out of ideas.

彼女の誕生日プレゼントを買わなきゃいけないんだけど、ネタ切れだよ。

B: What did you get from her for your birthday?

彼女からは誕生日に何をもらったの？

A: A pair of gloves.

B: Gloves? That's a thoughtful gift.

思いやりのある贈り物ね。

A: Maybe I should go window shopping.

B: I don't know, windows seem like a strange present.

Age

年齢

🎧 No.05

会話を聞き取りましょう！
笑えたかな？

A: Grandma, how old are you?

B: You should not ask a woman her age! It is rude.

A: Sorry, I was just curious. OK, what is your zodiac animal?

B: My zodiac animal? Rabbit. Why?

A: You are 81, aren't you?

B: No! I am 69!

A：男の子　　B：祖母

A: おばあちゃん、年はいくつ？

B: 女性に年齢を聞くべきじゃないわ。失礼よ。

A: ごめんなさい、ちょっと好奇心で。じゃあ、干支の動物は何？

B: 私の干支？　うさぎよ。なぜ？

A: 81歳だね。

B: ノー！　69歳よ！

Step Up ⌐ᐜ	rude　失礼な
	curious　好奇心のある
	zodiac　干支

年齢の代わりに干支を聞いて推測したお孫さん。実際の年齢よりも上に言って、さらに失礼な結果に。干支は中国が起源ですが、チャイナタウンや、中国人の移民が多いところでは、欧米でも Chinese New Year を祝います。中華系の友人がいる人は、干支を知っていることも多いそうです。

Take 2

 No.06

こんな表現もあるよ！

A: Grandma, **when were you born?**

いつ生まれたの？

B: **It's not polite to ask a woman's age.**

女性の年齢を聞くのは行儀の良くないことよ。

A: Sorry, **I didn't mean to be rude.** OK, what's your zodiac animal?

失礼なことをするつもりじゃなかったんだ。

B: My zodiac animal? Rabbit. Why?

A: You're 81, aren't you?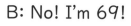

B: No! I'm 69!

Hometown

故郷

🎧 No.07

会話を聞き取りましょう！
笑えたかな？

Take 1

一人二役で声に出して読んでみよう！

 A: Where are you from?

B: I was born in Sapporo, but I grew up in Tokyo.

 A: Which city feels like home?

B: Probably Sapporo. That is where my old friends live.

A: Have you ever thought about moving back?

B: Yes, every time we have a heat wave!

A：外国人女性　　B：日本人男性

A: あなたはどこの出身ですか？

B: 私は札幌で生まれましたが、東京で育ちました。

A: どちらの都市が故郷のように感じますか？

B: たぶん、札幌ですね。そこには幼なじみが住んでいるので。

A: 故郷に帰るなんて考えたことはありますか？

B: はい、熱波が来るたびに！

Step Up ♪	**move back**　（以前いたところに）戻る ※moveを使っているので、帰省の意味に間違えることはありません。帰省の場合は、visit (go to see) my parents、go to my parents' houseなどが使えます。 **heat wave**　熱波

片方（東京）のマイナス点を言って笑いをとっています。東京の夏はかなり暑いので、東京から出たくなってしまいますね。でも、マイナス20度以下に下がる北海道の冬には東京が恋しくなるのかも？

Take 2

 No.08

こんな表現もあるよ！

A: **What's your hometown?**

出身地はどこですか？

B: **I'm originally from Sapporo, but I live in Tokyo.**

私は元々札幌の出身ですが、東京に住んでいます。

A: **Which city do you like better?**

どちらの都市の方がより好きですか？

B: Probably Sapporo. That's where my old friends live.

A: Have you ever thought about moving back?

B: Yes, every time we have a heat wave!

Education

教育

No.09

会話を聞き取りましょう！
笑えたかな？

Take 1

一人二役で声に出して読んでみよう！

 A: What was your worst subject at university?

B: Definitely English. I was a bad student.

 A: Why did you start studying English more?

B: Because I wanted to understand Bob Dylan songs.

 A: Can you understand them now?

B: No, but I found out native speakers can't understand them, either.

A:外国人女性　　B:日本人男性

A: 大学で一番苦手な科目は何だった？

B: 間違いなく英語だね。ひどい学生だったよ。

A: なんで、さらに英語の勉強をし始めたの？

B: ボブ・ディランの歌を理解したかったんだ。

A: 今は理解できるの？

B: いいや、でもネイティブスピーカーも理解ができないって わかったんだ。

Step Up ⌐

worst	最も悪い
definitely	間違いなく
find out	わかる

ボブ・ディランと言えば2016年ノーベル文学賞を 受賞したアメリカ人歌手です。ノーベル文学賞を歌 手で初めて獲得しただけあり、彼の歌詞はたくさん の比喩表現が使われていて、ネイティブスピーカー にとっても難解のようです。

Take 2

 No.10

こんな表現もあるよ！

A: **What subject did you hate in school?**

学校で嫌いだった科目は何？

B: **I couldn't stand English.** I was a bad student.

英語が我慢できなかったな。

A: Why did you start studying English more?

B: Because I wanted to understand Bob Dylan songs.

A: **Do you understand what he's singing now?**

今は彼が何を歌っているのかを理解できるの？

B: No, but I found out native speakers can't understand them, either.

06

Married Life

結婚生活

🎧 No.11

会話を聞き取りましょう！
笑えたかな？

Take 1

一人二役で声に出して読んでみよう！

A: Have you been married long?

B: It will be 30 years this April!

A: That is a long time! Do you have any advice for newlyweds?

B: Yes, never forget your anniversary.

A: Have you ever forgotten?

B: Never! We got married on April Fools' Day!

A：日本人女性　　B：外国人男性

A: 結婚されて長いんですか？

B: 今年の4月で30年になります。

A: それは長いですね！　新婚の人たちに何かアドバイスはありますか？

B: はい、記念日を決して忘れないことです！

A: これまで忘れたことはありますか？

B: 一度も！　エイプリルフールに結婚したので！

Step Up ⌐ | newlyweds　新婚夫婦
anniversary　記念日

クスッとPOINT　長い結婚生活で大事なのは、記念日を忘れず祝うこと。たくさんの記念日があると忘れてしまうので、エイプリルフールと結婚記念日を同じにしたのですね。でも、結婚したことを信じてくれない人もいるかも。

Take 2

 No.12

こんな表現もあるよ！

 A: **How long have you been married?**

あなたは結婚してどのくらいですか？

B: **Our 10th anniversary will be in April!**

私たちの10年目の記念日は4月です。

 A: **Congratulations! Can you give me some marriage tips?**

おめでとうございます！ 結婚の秘訣をちょっと教えてくれますか？

B: **Yes, never forget your anniversary.**

 A: **Have you ever forgotten?**

B: **Never! We got married on April Fools' Day!**

Friends

友人

No.13

会話を聞き取りましょう！
笑えたかな？

Take 1

 No.13

一人二役で声に出して読んでみよう！

 A: Do you have many close friends?

B: I have two or three.

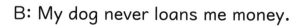 A: It is often said that a man's best friend is his dog.

B: I don't think that is true.

A: Why not?

B: My dog never loans me money.

A：外国人女性　　B：日本人男性

A: 親友はたくさんいますか？

B: 2、3人います。

A: 人間にとって一番の親友は犬だとよく言われていますよね。

B: それは違うと思います。

A: なぜですか？

B: うちの犬は私に決してお金を貸してくれないんですよ。

Step Up ♪ | loan　貸す

 Bさんにとって親友とはお金を貸してくれる人なのですね。でも、Lend your money and lose your friend. （金を貸せば友を失う）という格言もあります。気をつけて！

Take 2

 No.14

こんな表現もあるよ！

 A: How many good friends do you have?

仲の良い友人は何人いますか？

B: I have two or three.

 A: A famous poet once said that a dog is man's best friend.

有名な詩人がかつて、犬は人にとっての一番の親友だと言いました。

B: That doesn't sound right to me.

それが正しいこととは私には思えません。

 A: Why not?

B: My dog never loans me money.

Self-care

セルフケア

🎧 No.15

会話を聞き取りましょう！
笑えたかな？

Take 1

 No.15

一人二役で声に出して読んでみよう！

 A: Have you had your flu shot this year?

B: No, I usually don't get one.

 A: I get a shot every year. Aren't you worried about getting sick?

B: No. I don't wear a mask, either. They are too uncomfortable.

 A: You don't get a flu shot and you don't wear a mask? Isn't that dangerous?

B: I don't think so. I have been staying home for months!

A：外国人女性　　B：日本人男性

A: 今年はもうインフルエンザの注射を打った？

B: ううん、普段から受けてないんだ。

A: 私は毎年受けてるわよ。病気になるのが心配じゃないの？

B: うん。マスクも着けないよ。付け心地が悪すぎて。

A: インフルの注射も受けないし、マスクも着けないの？　危険じゃない？

B: そうは思わないよ。僕は何カ月も家にこもってるからね。

Step Up ⌐	self-care　自己療法（ちょっとした病気、怪我は医療機関に行かず家庭で治すこと） flu　インフルエンザ shot　注射

 自虐ネタですね。2020年大流行の新型コロナウイルスで、"Stay Home（家にいる）"の言葉がすっかり広まりました。Bさんは元祖Stay Homeですね。でも本当に何カ月も家から外に出ていないのでしょうか？

Take 2

 No.16

こんな表現もあるよ！

A: **Did you get your flu shot?**

インフルエンザの注射を打った？

A: **No, I usually don't bother.**

普段はわざわざしないよ。

A: I get a shot every year. Aren't you worried about getting sick?

B: No. **I can't stand masks, either.** They're too uncomfortable.

マスクも我慢できないんだ。

A: You don't get a flu shot and you don't wear a mask? Isn't that dangerous?

B: I don't think so. I've been staying home for months!

Dreams

夢

No.17

会話を聞き取りましょう！

笑えたかな？

Take 1

 No.17

一人二役で声に出して読んでみよう！

 A: What was your dream when you were young?

B: I wanted to be a pilot.

A: Me, too! I was always fascinated by flying.

B: I think most kids are.

A: Why didn't you become a pilot?

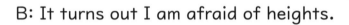

B: It turns out I am afraid of heights.

A：日本人男性　　B：外国人男性

A: 小さい時の夢は何だった？

B: 僕はパイロットになりたかったんだ。

A: 僕も！　いつも飛ぶことに魅了されてたよ。

B: ほとんどの子供はそうだと思うよ。

A: なんでパイロットにならなかったの？

B: 僕は高いところが怖いってわかったんだ。

Step Up ⤴	be fascinated by　〜に魅了される
	height　高さ

子供たちの夢、パイロットになることを高所恐怖症（acrophobia）のため断念したのですね。私の知り合いに、血を見ると倒れるのがわかり、医師になることをやめた人もいます。

Take 2

 No.18

こんな表現もあるよ！

 A: What did you want to be when you were a kid?

君は子供の頃、何になりたかった？

B: My dream was to be a pilot.

僕の夢はパイロットになることだったんだ。

 A: Me, too! I was always fascinated by flying.

B: I think everyone is.

誰でもそうだと思うよ。

 A: Why didn't you become a pilot?

B: It turns out I'm afraid of heights.

Motivation

動機づけ

🎧 No.19

会話を聞き取りましょう！
笑えたかな？

Take 1

一人二役で声に出して読んでみよう！

 A: What kind of people motivate you?

B: I get motivation from most of my co-workers.

 A: In what way?

B: I try to learn from their mistakes.

A: That sounds like a great philosophy.

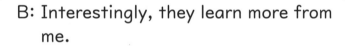
B: Interestingly, they learn more from me.

A：日本人女性　　B：外国人男性

A: どんな人たちからあなたは刺激を受けていますか？

B: 私の同僚のほとんどからです。

A: どういう点で？

B: 彼らの間違いから学ぼうと努めています。

A: それは素晴らしい哲学のようですね。

B: 興味深いことに、彼らは私からもっと多くを学んでいますよ。

Step Up ⤴ | motivate　動機／刺激を与える
philosophy　哲学

間違いから学ぶのは大切ですが、同僚たちがさらに多くをBさんから学んでいるということは、彼がもっと多く間違いをしているということになりますね。

Take 2

 No.20

こんな表現もあるよ！

A: **What type of people do you respect?**

どのようなタイプの人を尊敬しますか？

B: **I get motivation from most of my co-workers.**

A: **Why do you say that?**

どうして？

B: **I try to learn from their mistakes.**

A: **That's a great way of seeing things.**

それは素晴らしいものの見方ですね。

B: **Interestingly, they learn more from me.**

Chapter 2
Everyday Life
日常生活のこと

Column

あるYouTuberとの出会い

YouTuberのShinyaさんとの出会いはまったくの偶然でした。2020年8月のある日のことです。YouTubeを検索していると、私の本『自己紹介の英語』（IBC）が目に飛び込んできました。よくよく見ると「英語で自己紹介がスムーズにできるようになる方法」という動画で、Shinyaさんが制作、公開したものでした。

Shinyaさんの本名は新村真也（にいむら・しんや）。1977年の生まれ。静岡県出身。高校卒業後は旋盤工、バッグ売り場の店員、ジーンズショップ店長と、英語とまったく関係ない仕事をしていたそうです。28歳から英会話を始め、英検1級、TOEIC975点を取り、英語の道に入ってきたという異色の経歴の持ち主でした。

今はYouTubeを中心に英語学習のコンテンツクリエーターとして活躍しています。得意分野は音読と瞬間英作文。音読が私との共通点で意気投合。私の本の中から『音読JAPAN』（IBC）と『英語で日本を話すための音読レッスン』（日本実業出版社）を動画で紹介してくれました。そして、私にYouTubeに出ないかとのオファーが！

興味がある方は「Shinya、浦島久」で検索してください。いろいろ出てきます。中には故郷、豊頃町で撮ったものも。これが縁で、「私がYouTuberになるのでは？」なんていう噂が！　古いタイヤチューブみたいな自分の顔を見てユーチューブはないなと考えていたのですが、2021年1月YouTubeチャンネル「JOYの玉手箱」を開設。人生は何が起こるかわかりませんね。

Restaurants

レストラン

 No.21

会話を聞き取りましょう！
笑えたかな？

Take 1

No.21

一人二役で声に出して読んでみよう！

 A: Have you been to the new Thai restaurant?

B: Yes, I went last week. It was so-so.

 A: Really? What didn't you like about it?

B: The service was OK, but the food was not very good.

A: I am impressed. Can you teach me about Thai food?

B: Um... OK, but I need to study more about it first.

A：外国人女性　　B：日本人男性

A: 新しいタイ料理のレストランに行ったことある？

B: うん、先週行ったよ。まあまあだったな。

A: そうなの？　何が気に入らなかったの？

B: サービスはまあまあだけど、料理はたいしておいしくなかったよ。

A: すごいわね。タイ料理について教えてくれない？

B: うーん。いいけど、まずは行く前に、僕がもっとタイ料理について学ぶ必要があるな。

Step Up ♪	Thai restaurant　タイ料理のレストラン so-so　まあまあ ※日本語の「まあまあ」よりもネガティブなニュアンスが強いです。

クスッとPOINT タイ料理について偉そうに言っていたBさんですが、これまであまり食べたことがないようです。ではタイ料理のことがわかるはずはないですよね。

Take 2

 No.22

こんな表現もあるよ！

A: **Have you tried that new Thai place?**

新しいタイ料理のところで食べてみた？

B: Yes, **it was just OK.**

まあまあだったよ。

A: Really? What didn't you like about it?

B: The service was OK, but **I didn't enjoy the food.**

おいしくはなかったな。

A: I'm impressed. Can you teach me about Thai food?

B: Um... OK, but I need to study more about it first.

Supermarkets

スーパーマーケット

 No.23

会話を聞き取りましょう！
笑えたかな？

Take 1

一人二役で声に出して読んでみよう！

 A: Where do you usually go grocery shopping?

B: I usually go to Ito Yokado.

A: That is very far from your house, right?

B: Yes, it is. I don't like to see anyone I know when I am out.

A: Really? Why not?

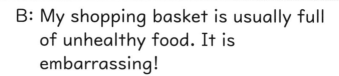 B: My shopping basket is usually full of unhealthy food. It is embarrassing!

A:外国人男性　　B:日本人女性

A: 普段どこへ食料品の買い物に行くの？

B: イトーヨーカドーへ行くわ。

A: 君の家からとても遠いよね？

B: ええ、そうね。外出した時に知っている人に会うのが好きじゃ
ないのよ。

A: そうなの？　なぜ？

B: 私の買い物カゴがいつも不健康な食料でいっぱいだから。
恥ずかしいの！

Step Up ⌐╝ | grocery shopping　食料品の買い物
embarrassing　恥ずかしい

健康思考の人が多い中、体に悪そうな食料品を買っ
ているのを見られるのはちょっと恥ずかしいよう
です。一体どんなものを買っているんでしょう？

Take 2

 No.24

こんな表現もあるよ！

A: **Do you have a favorite grocery store?**

お気に入りの食料品店はある？

B: I usually go to Ito Yokado.

A: **That's on the other side of town, isn't it?**

それは町の反対側だよね？

B: Yes, it is. **I don't like to run into acquaintances when I'm shopping.**

買い物のときに、知り合いに出くわすのが好きじゃないの。

A: Really? Why not?

B: My shopping basket is usually full of unhealthy food. It's embarrassing!

13

Cooking

料理

🎧 No.25

会話を聞き取りましょう！
笑えたかな？

Take 1

 No.25

一人二役で声に出して読んでみよう！

 A: Are you a good cook?

B: I am OK, but my husband loves cooking.

A: What kind of things does he make?

B: My husband often tries to cook English recipes from the Internet!

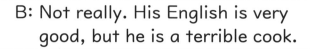 A: That sounds great! You are lucky!

B: Not really. His English is very good, but he is a terrible cook.

68

A：外国人男性　　B：日本人女性

A: あなたは料理が上手ですか？

B: 私はまあまあですが、夫は料理するのが大好きです。

A: どのようなものを彼は作りますか？

B: 夫はよくインターネットから英語のレシピを試して作ります！

A: それは素晴らしい！　あなたはラッキーですね！

B: いいえあまり。彼の英語は上手なんですが、料理はひどいです。

Step Up ↗ | terrible　ひどい

「英語でレシピ」と聞くと本格的な感じがしますね。でもいくらレシピがよくても、料理が下手なら出てくるものも期待できません。料理が下手な人のことを terrible cook と呼んだりします。

13 Cooking 料理

Take 2

こんな表現もあるよ！

A: **Are you creative in the kitchen?**

あなたは台所では創作的ですか？

B: **A little bit. My husband is very creative, though.**

少しは。夫がとても創作的ですけど。

A: **How is he creative?**

どんな風に創作的なのですか？

B: My husband often tries to cook English recipes from the Internet!

A: That sounds great! You're lucky!

B: Not really. His English is very good, but he's a terrible cook.

70

Shopping

買い物

🎧 No.27

会話を聞き取りましょう！
笑えたかな？

Take 1

 No.27

一人二役で声に出して読んでみよう！

 A: Do you enjoy shopping with your wife?

B: Not really. I enjoyed it in America, though.

 A: Really? Why?

B: Every shop had a comfortable waiting chair for husbands. It is called "the husband chair."

 A: Really? That is a great idea.

B: It is good for business, too. I fell asleep and my wife kept shopping.

A:日本人女性　　B:外国人男性

A: 奥さんとの買い物を楽しみますか？

B: あまり。アメリカでは楽しみましたけど。

A: そうなんですか？　なぜ？

B: どの店にも旦那用の心地よい待合椅子があるんです。「旦那さん椅子」と呼ばれています。

A: 本当に？　素晴らしいアイデアですね。

B: それは商売にとっても、良いことなんです。私はぐっすり寝てしまい、妻は買い物をし続けていましたよ。

Step Up ⤴	~, though　～ですけど
	comfortable　心地のよい
	fall asleep　ぐっすり眠る

買い物が好きな女性は多いですが、それに付き合う旦那さんは大変です。待っている間に寝てしまうくらい心地の良い椅子があるお店は、ゆっくり買い物できる奥さんにとっても天国ですね。もちろんその椅子を用意したのはお店です。店にとっても商売繁盛につながります。

Take 2

 No.28

こんな表現もあるよ！

A: **Do you and your wife go shopping together?**

あなたは奥さんと一緒に買い物に行きますか？

B: **Not usually, but we did on our vacation in America.**

普段はしませんが、アメリカでの休暇の時には行きました。

A: Really? **What's different about shopping there?**

アメリカでの買い物は何が違うのですか？

B: Every shop had a comfortable waiting chair for husbands. It's called "the husband chair."

A: Really? That's a great idea.

B: It's good for business, too. I fell asleep and my wife kept shopping.

Sleep

睡眠

No.29

会話を聞き取りましょう！
笑えたかな？

Take 1

 No.29

一人二役で声に出して読んでみよう！

 A: Do you ever have trouble waking up?

B: All the time. I am a very heavy sleeper.

A: How do you wake up in the morning?

B: I bought the loudest alarm clock I could find.

A: Does it wake you up?

B: Not exactly. I wake up when my neighbors come to complain.

A:外国人女性　　B:日本人男性

A: 起きるのに困ることはありますか？

B: いつもです。私はとても眠りが深いんです。

A: 朝はどのように起きますか？

B: 見つけられる中で一番音の大きい目覚まし時計を買いました。

A: それで起きられますか？

B: そうでもありません。近所の人が文句を言いに来て目が覚めます。

Step Up ♪	heavy sleeper　眠りが深くてなかなか起きられない人 alarm clock　目覚まし時計 Not exactly.　必ずしもそうではない complain　文句を言う

音の大きい目覚まし時計を買ったのはいいけれど、本人は起きられずに近所の人が起きる結果に。もし近所の人に起こしてもらうことを前提にこの目覚まし時計を買ったとしたら、Bさんは確信犯ですね。

Take 2

 No.30

こんな表現もあるよ！

A: **Do you have a hard time getting out of bed in the morning?**

朝ベッドから出るのはつらいですか？

B: **All the time. I never wake up on time.**

私は時間通りに起きることはありません。

A: **What wakes you up?**

何があなたを起こしてくれますか？

B: I bought the loudest alarm clock I could find.

A: Does it wake you up?

B: Not exactly. I wake up when my neighbors come to complain.

Health

健康

🎧 No.31

会話を聞き取りましょう！
笑えたかな？

Take 1

一人二役で声に出して読んでみよう！

 A: How was your health check?

B: It went pretty badly, I think.

 A: Why do you say that?

B: The doctor thinks I eat too much beef.

A: That doesn't sound too bad.

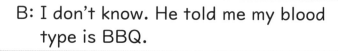 B: I don't know. He told me my blood type is BBQ.

A:外国人女性　B:日本人男性

A: 健康診断はどうだった？

B: かなり悪かったと思うよ。

A: なぜそう言うの？

B: お医者さんは僕が牛肉を食べ過ぎていると思ってるんだよ。

A: それってそんなに悪いことではなさそうだけど。

B: どうかな。お医者さんは僕の血液型がBBQだと言ってたよ。

Step Up ♪ | health check　健康診断
BBQ　バーベキュー

Bさんの血液型はA, B, O, ABのどれでもなくBBQ。
バーベキューの食べ過ぎ？　あるいは、バーベキュー
が大好きなのですね。海外では、BBQ Is My Blood
Typeなどと書かれたTシャツも売っているようです。

Take 2

 No.32

こんな表現もあるよ！

A: Did your health check go well?

健康診断は大丈夫だった？

B: It didn't go well at all.

まったくダメだった。

A: Why do you say that?

B: The doctor said I need to go on a diet.

お医者さんはダイエットする必要があると言ってたよ。

A: That doesn't sound too bad.

B: I don't know. He told me my blood type is BBQ.

Fashion

ファッション

🎧 No.33

会話を聞き取りましょう！

笑えたかな？

Take 1

 No.33

一人二役で声に出して読んでみよう！

 A: You look happy today!

B: I found my favorite jacket from high school.

A: The black one? Those have come back into fashion lately.

B: Yes, I saw a few high school kids wearing them.

 A: Will you wear it this weekend?

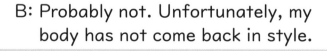B: Probably not. Unfortunately, my body has not come back in style.

A:外国人女性　　B:日本人男性

A: 今日のあなた嬉しそうね！

B: 高校からのお気に入りの上着を見つけたんだ。

A: その黒いの？　また最近流行ってるね。

B: うん、これを着ている高校生を数人見かけたよ。

A: 今週末それを着るの？

B: たぶん着ないよ。残念ながら僕の体が復活しないんだ。

Step Up	
come back into fashion	再び流行る
unfortunately	残念ながら
come back in style	復活する

昔流行ったファッションが再びトレンドになったりしますが、それをもう一度着ようと思っても体型があの頃に戻ってくれない。悲しい現実です。自分の体型やコンプレックスについて自虐的に笑いをとれるぐらいの人間になりたいですね。

Take 2

 No.34

こんな表現もあるよ！

 A: **You're in a good mood today!**

今日のあなたはご機嫌ね！

B: **My mother sent me my old high school jacket.**

母が高校時代の古い上着を送ってくれたんだ。

 A: The black one? Those have come back into fashion lately.

B: Yes, **I saw some people wearing them on TV.**

着ている人たちをテレビで見たよ。

 A: Will you wear it this weekend?

B: Probably not. Unfortunately, my body hasn't come back in style.

18

Eating Habits

食習慣

No.35

会話を聞き取りましょう！
笑えたかな？

Take 1

一人二役で声に出して読んでみよう！

 A: What do you usually have for breakfast?

B: I usually have a coffee and a donut.

 A: That is not healthy. Doctors say that you should have a healthy breakfast.

B: What do doctors eat for breakfast?

 A: The Internet says that they eat raw vegetables, nuts and tomato juice.

B: That sounds like rabbit food!

A: 日本人女性　　B: 外国人男性

A: 朝食に何を食べますか？

B: 私は普段コーヒーとドーナツを食べます。

A: それは健康的ではありませんね。お医者さんは健康的な朝食をとるべきだと言っています。

B: お医者さんは朝食に何を食べているんですか？

A: インターネットによると、彼らの朝食は生野菜、ナッツ、トマトジュースだそうです。

B: それってウサギの餌みたいですね！

Step Up ↗ | The internet says ～　ネットには～と書いている
raw vegetable　生の野菜

クスッとPOINT

健康的な食事をするように言われますが、生野菜ばかりでは人間の食事ではなくウサギの食べ物みたいとの意見。rabbit food はかなり誇張しているように思えるかもしれませんが、サラダや生野菜の食事を呼ぶまあまあ一般的な言い方です。

Take 2

 No.36

こんな表現もあるよ！

A: What's a normal breakfast for you?

あなたにとって普通の朝食は何ですか？

B: Just a black coffee and a cigarette.

ブラックコーヒーとタバコだけです。

A: That's not healthy. **You need to eat a good breakfast every day.**

毎日よい朝食を食べる必要があります。

B: What do doctors eat for breakfast?

A: The Internet says that they eat raw vegetables, nuts and tomato juice.

B: That sounds like rabbit food!

19

Fast Food

ファストフード

🎧 No.37

会話を聞き取りましょう！

笑えたかな？

Take 1

一人二役で声に出して読んでみよう！

 A: Have you tried the new hamburger shop?

B: Burger Queen? Not yet. I rarely go to hamburger shops.

 A: What kind of fast food do you usually eat?

B: Usually *kaiten* sushi or pizza.

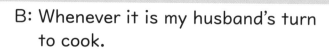 A: How often do you get fast food?

B: Whenever it is my husband's turn to cook.

19 Fast Food ファストフード

A:外国人男性　　B:日本人女性

A: 新しいハンバーガー屋さんに行ってみた？

B: バーガークイーン？　まだよ。めったにハンバーガー屋には
行かないから。

A: どんなファストフードを普段食べてるの？

B: たいていは回転寿司かピザね。

A: どのくらいの頻度でファストフードを食べる？

B: 夫の料理の番になるといつでも。

Step Up | rarely　めったに〜しない
whenever 〜　〜な時はいつでも

旦那さんが料理当番の時はいつも回転寿司かピザのファストフードということ。きっと旦那さんは料理が上手くないのか、忙しすぎて作れないのですね。ところで奥さんの料理の腕はどうなんでしょうか？

19 Fast Food ファストフード

Take 2

 No.38

こんな表現もあるよ！

A: **Have you been to the new burger place?**

新しいハンバーガー屋に行った？

B: Burger Queen? **I don't really like hamburgers.**

私はハンバーガーがあまり好きじゃないの。

A: **What's your favorite fast food?**

一番好きなファストフードは何？

B: Usually *kaiten* sushi or pizza.

A: How often do you get fast food?

B: Whenever it's my husband's turn to cook.

94

Online Shopping

オンラインショッピング

🎧 No.39

会話を聞き取りましょう！
笑えたかな？

Take 1

 No.39

一人二役で声に出して読んでみよう！

 A: My husband is always buying things from online auctions.

B: My husband is the same.

 A: Everything looks good because it is cheap, but it is really useless.

B: I disagree. We bought an exercise bike, and it is very useful.

A: Really? How often do you use it?

B: We use it every day. We hang our laundry on it.

20 Online Shopping オンラインショッピング

A：日本人女性　　B：外国人女性

A： 夫はいつもネットオークションで物を買ってるの。

B： うちの夫も同じよ。

A： 安いからすべてがよさそうに見えるけど、役に立たないわ。

B： そうは思わないわ。私たちはエアロバイクを買ったんだけど、
とても役に立ってるわよ。

A： 本当に？　どのくらいの頻度で使ってるの？

B： 私たちは毎日使ってるわよ。それに洗濯物をかけてるの。

Step Up ♪

useless	役に立たない
exercise bike	エアロバイク（ジムなどにある運動用自転車）
laundry	洗濯物

インターネットで購入した運動用の自転車ですが、
運動はなかなか続かず、結局物干し台として毎日利
用されることになっているのですね。よくあること
なのかも。

Take 2

 No.40

こんな表現もあるよ！

A: My husband is addicted to online auctions.

夫はオンラインオークション中毒なの。

B: It's the same at my house.

うちも同じだわ。

A: Everything looks good because it's cheap, but it's really useless.

B: I disagree. Our new exercise bike is quite useful.

うちの新しいエアロバイクは便利よ。

A: Really? How often do you use it?

B: We use it every day. We hang our laundry on it.

Chapter 3

Leisure

余暇のこと

Column

作詞家への道

高校時代は岡林信康や高石ともやが全盛期で、クラスの大多数がフォークシンガー気取りでした。大学生になってからは、信じられないことですが、自ら作詞をして、それにメロディをつけ、ギターを弾きながら歌っていました。そして、会社員になり移り住んだ横浜市の「市民文芸」（詩の部門）で入選したのが、いまでも自慢のひとつです。

あの頃は街を一人歩いていると、なぜか言葉やメロディが湧いてきました。立派な（?）中年になってからは、公園で落ち葉の中を歩いても、頭に何も浮かんできません。まして日本語で詩を書くなんて、60を過ぎた私には耐えられないぐらい恥ずかしいことです。でも、最近わかったことは、英語ならできるということでした。

実は私が手がけた英詩の中で2つの作品がすでに世に出ています。1つは中学検定教科書『One World』（教育出版）に載っている「Elm Tree Dreams」。2009年に作ったもので、テーマは夢。そして、もう1曲は2020年作の「Jewelry Ice Love」。これはApple Musicなどで配信されています。ともにYouTubeで聞けます。

いま取り組んでいるのがハルニレの木（北海道豊頃町）の曲です。サビはできています。Keep an elm tree in your heart and someday joyful birds will come　これを何度かリフレインで使いたいのです。でもそれ以外の言葉が出てきません。やはり意識し始めるとどの分野でも難しくなるようです。この壁を破らないと作詞家にはなれないのですね。

Reading

読書

🎧 No.41

会話を聞き取りましょう！
笑えたかな？

Take 1

 No.41

一人二役で声に出して読んでみよう！

A: Do you often read books?

B: I read in bed every night.

A: What are you reading right now?

B: *A Brief History of Time* by Stephen Hawking.

A: Is it a good book?

B: Very! I fall asleep right away!

A：日本人女性　　B：外国人男性

A: 本はよく読みますか？

B: 毎晩ベッドで読みます。

A: 今、何を読んでいますか？

B: スティーブン・ホーキングの *A Brief History of Time* です。

A: それはいい本ですか？

B: とても！　あっという間に眠れます！

Step Up ↗ | *A Brief History of Time*　イギリスの物理学者スティーブン・ホーキングが1988年に出した通俗科学の書籍

ベッドで難しい本を読むとすぐに眠れるそうです。洋書や教科書を読むと眠たくなるという人はかなりいるのでは？　英会話の本も同じだなんて言わないでくださいね。

Take 2

 No.42

こんな表現もあるよ！

A: **How often do you read?**

どのくらい頻繁に本を読みますか？

B: **I read every night before I go to sleep.**

寝る前に毎晩読みます。

A: **Do you have a favorite bedtime book?**

寝る時のお気に入りの本はありますか？

B: *A Brief History of Time* by Stephen Hawking.

A: Is it a good book?

B: Very! I fall asleep right away!

Sports

スポーツ

No.43

CHECK!!

会話を聞き取りましょう！
笑えたかな？

Take 1

 No.43

一人二役で声に出して読んでみよう！

 A: Do you follow any sports?

B: Yes! I watch soccer once or twice a week on TV.

A: Have you ever played soccer?

B: I played soccer until junior high school. I loved it!

 A: Were you a good player?

B: Not really, but in my old soccer stories, I get better every year!

22 Sports スポーツ

A:外国人女性　　B:日本人男性

A: 何かスポーツを見ていますか？

B: ええ！　テレビで週1、2回サッカーを見ます。

A: サッカーをしたことがありますか？

B: 中学までサッカーをしていました。大好きでしたよ！

A: 上手でしたか？

B: あまり、でも私の昔のサッカー話の中では、年々だんだんと上手くなっています。

| Step Up ♪ | **Do you follow any sports?**　スポーツをテレビ等で見たり、スポーツニュース等で普段からチェックしたりしているか聞きたい時の表現。 |

Bさんの過去のサッカー話は年々大げさになり、いつの間にかプロのサッカー選手レベルに。釣り人が釣った魚の話を大げさに話すfish storyに通じるものがありますね。ちなみに、fishyには「うさんくさい」という意味があります。

Take 2

 No.44

こんな表現もあるよ！

A: **Are you a big sports fan?**

あなたはスポーツの大ファンですか？

B: Yes! **I watch sports online every night.**

毎晩オンラインでスポーツを見ます。

A: **Did you play anything when you were young?**

あなたは若い時に何かスポーツをしていましたか？

B: **I played soccer until junior high school. I loved it!**

A: Were you a good player?

B: Not really, but in my old soccer stories, I get better every year!

23

Television

テレビ

🎧 No.45

会話を聞き取りましょう！
笑えたかな？

Take 1

一人二役で声に出して読んでみよう！

 A: When do you watch TV?

B: I usually watch TV when I am eating dinner.

 A: What kind of shows do you watch?

B: I watch programs about restaurants and cooking.

A: Why do you like them?

B: I can imagine I am eating more delicious food.

A：外国人女性　　B：日本人男性

A： いつテレビを見ますか？

B： たいていは夕食を食べるときに見ています。

A： どんな番組を見ますか？

B： レストランや料理についての番組を見ます。

A： どうしてそういった番組が好きなのですか？

B： もっとおいしい料理を食べているのを想像できるからですね。

Step Up

delicious　おいしい
※「おいしいレストラン」はdelicious restaurantではなく
great restaurantやnice restaurantといいます。

夕食を食べながらテレビを見ているBさん。番組で色々な国やお店のおいしい料理を見て、今自分が食べているよりさらにおいしい料理を想像しながら夕食を食べます。逆に悲しくならないのでしょうか？古典落語の「始末の極意（しまつのごくい）」に似たような話ですね。

Take 2

 No.46

こんな表現もあるよ！

A: Do you watch a lot of TV?

あなたはたくさんテレビを見ますか？

B: I watch TV while having dinner after I come home from work.

仕事から帰ってきて夕食を食べながらテレビを見ます。

A: What kind of shows do you like?

どのような種類の番組が好きですか？

B: I watch programs about restaurants and cooking.

A: Why do you like them?

B: I can imagine I'm eating more delicious food.

24

Online Learning

オンライン学習

🎧 No.47

会話を聞き取りましょう！
笑えたかな？

Take 1

一人二役で声に出して読んでみよう！

A: Online studying is becoming very popular. Have you ever tried it?

B: Yes, actually. I am taking an online course in computer technology.

A: Really? That sounds interesting.

B: It is difficult, to be honest.

A: What is so difficult?

B: I can't figure out how to download the software.

A：外国人女性　B：日本人男性

A: オンライン学習がとても人気になりつつあります。試して
みたことはありますか？

B: 実はあります。コンピューター・テクノロジーのオンライン
コースを取っています。

A: 本当に？　それは面白そうですね。

B: 正直に言うと、難しいんです。

A: 何がそんなに難しいのですか？

B: ソフトのダウンロードの仕方がわからないんですよ。

Step Up 🎵

actually　実は
to be honest　正直に言うと
software　（パソコンの）ソフト

オンライン学習でコンピューター・テクノロジーに
ついて学ぼうとしたBさん。まずその前にオンライ
ン学習用のソフトをダウンロードできない？　これ
では学習をスタートできませんね。でも、「千里の道
も一歩から（A journey of a thousand miles
begins with a single step.）」。すべては始めること
からスタートです。

Take 2

 No.48

こんな表現もあるよ！

A: Online studying is becoming very popular. **Have you ever taken an online class?**

オンラインのクラスを取ったことがありますか？

B: **Actually, I recently started a course in computer technology.**

実は、最近コンピューター・テクノロジーのコースを始めました。

A: Really? **That sounds like a challenge!**

それはチャレンジですね！

B: It's difficult, to be honest.

A: What is so difficult?

B: I can't figure out how to download the software.

Computers

コンピューター

No.49

会話を聞き取りましょう！
笑えたかな？

Take 1

 No.49

一人二役で声に出して読んでみよう！

 A: Is that a new computer?

B: Yes! It is the newest model!

 A: It looks very high tech.

B: It is the same model that the astronauts use on the International Space Station.

A: Wow! What do you use it for?

B: Mainly online shopping and watching YouTube videos.

A：日本人女性　　B：外国人男性

A: それ新しいコンピューター？

B: そうだよ！ 最新モデルさ。

A: とてもハイテクに見えるね。

B: 宇宙飛行士が国際宇宙ステーションで使用しているのと同じモデルなんだよ。

A: わあ！ 何のために使うの？

B: 主にネットショッピングと YouTube を見るためだね。

Step Up ↗	astronaut　宇宙飛行士
	International Space Station　国際宇宙ステーション (ISS)

ワスッと**POINT**

宇宙飛行士も ISS で使用しているほどハイテクな最新モデルのパソコン、でも使っているのはネットショッピングと YouTube のためだけ。こんなことはよくあることですね。せっかくの最新のスマートフォンを電話とメールだけに使っている人はいませんか？

Take 2

 No.50

こんな表現もあるよ！

 A: **Did you buy a new computer?**

新しいパソコンを買ったの？

B: Yes! **I bought the latest model!**

最新のモデルを買ったんだ。

 A: **It looks really modern!**

本当に最新式に見えるね！

B: It's the same model that the astronauts use on the International Space Station.

 A: Wow! What do you use it for?

B: Mainly online shopping and watching YouTube videos.

26

Music

音楽

🎧 No.51

会話を聞き取りましょう！
笑えたかな？

Take 1

一人二役で声に出して読んでみよう！

 A: I am a big music fan.

B: Where do you usually listen to music?

A: In the car, mostly.

B: Do you ever sing when you drive?

A: Yes, all the time. I love singing when I drive! Why do you ask?

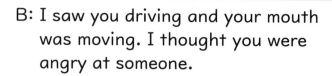

B: I saw you driving and your mouth was moving. I thought you were angry at someone.

A：日本人男性　　B：外国人女性

A: 音楽が大好きなんだ。

B: 普段はどこで音楽を聴いてるの？

A: ほとんど車の中だね。

B: 運転をするときに歌うことはある？

A: うん、いつもだよ。運転中に歌うのが大好きなんだ！　なぜ聞くの？

B: あなたが運転しているのを見たの、そしてあなたの口が動いていたわ。誰かを怒っていたのかと思ったわ。

Step Up 🎵
- **mostly**　ほとんど
- **all the time**　（その間中）ずっと

Aさんが車の中で歌っているのを偶然見たBさん。車に一人で乗っている人の口が動いているとしたら、ハンズフリー通話で誰かと話している？　音楽に合わせて歌っている？　独り言を言っている？　などいろいろ考えられますが、「怒っていると思った」とはなかなか皮肉が効いていますね。

Take 2

 No.52

こんな表現もあるよ！

A: I love listening to music.

音楽を聞くのが大好きなんだ。

B: What's your favorite place to listen to music?

音楽を聞くのにお気に入りの場所はどこ？

A: I love listening to music in my car.

車の中で音楽を聞くのが大好きだよ。

B: Do you ever sing when you drive?

A: Yes, all the time. I love singing when I drive! Why do you ask?

B: I saw you driving and your mouth was moving. I thought you were angry at someone.

27

Photography

写真

🎧 No.53

会話を聞き取りましょう！
笑えたかな？

Take 1

 No.53

一人二役で声に出して読んでみよう！

 A: I am thinking about buying a good camera.

B: You should talk to Taro. He knows all about them.

 A: I didn't know that.

B: He usually travels with two cameras and a few lenses in his bag.

A: Wow. He must be a great photographer!

B: Not really. He is very good at shopping for cameras, though.

A：外国人女性　　B：日本人男性

A： いいカメラを買おうと思ってるの。

B： 太郎に話してみるべきだよ。彼はカメラについてなんでも知ってるんだ。

A： それは知らなかったわ。

B： 彼は普段バッグの中に2台のカメラと2、3本のレンズを入れて旅行してるよ。

A： わあ。素晴らしい写真家に違いないわね！

B： そうでもないよ。カメラを買うことはとても得意だけどね。

Step Up ♩	with〜　　〜を持って
	must be　　〜に違いない
	be good at 〜ing　　〜することが得意だ

いつもカメラとレンズを数本持ち歩く太郎は写真を撮るのが上手そうですが、恰好だけのようです。でもカメラ選びが得意というだけでもすごいことですね。

Take 2

 No.54

こんな表現もあるよ！

A: I think it's time to upgrade my camera.

いいカメラに買い換える時だと思うの。

B: You should talk to Taro. He loves photography.

彼は写真が大好きなんだよ。

A: He's never told me that.

私に話してくれたことがないわ。

B: He usually travels with two cameras and a few lenses in his bag.

A: Wow. He must be a great photographer!

B: Not really. He's very good at shopping for cameras, though.

28

Movies

映画

 No.55

会話を聞き取りましょう！
笑えたかな？

No.55

一人二役で声に出して読んでみよう！

A: Where do you usually watch movies?

B: Usually at home these days. There are so many online streaming options.

A: I agree. I like being able to relax on the sofa, as well.

B: Unfortunately, I can't enjoy watching a movie at the theater anymore.

A: Why not?

B: I can't fast forward through the scary parts.

A:外国人女性　　B:日本人男性

A: あなたは普段どこで映画を見るの？

B: この頃は家だな。ネット配信の選択肢もとてもたくさんあるし。

A: そうね。ソファでくつろげるのも好き。

B: 残念ながら、もう僕は映画館で映画を楽しめないな。

A: どうして？

B: 怖いシーンで早送りできないからね。

Step Up 　online streaming　映画やドラマなどのネット配信
fast forward　早送りする

映画館より、家のインターネット上で映画を楽しむ人も多くなりました。映画館の大画面で観るのもいいのですが、怖いシーンではじっと耐えなければいけませんね。

Take 2

 No.56

こんな表現もあるよ！

A: Do you ever go to the movies?

映画館に行くことはある？

B: Usually at home these days. Streaming them is so much easier.

ネット配信の映画の方がずっと楽だよ。

A: I agree. **You don't have to get dressed up, either.**

着飾る必要もないしね。

B: Unfortunately, I can't enjoy watching a movie at the theater anymore.

A: Why not?

B: I can't fast forward through the scary parts.

29

Traveling

旅行

🎧 No.57

会話を聞き取りましょう！
笑えたかな？

Take 1

 No.57

一人二役で声に出して読んでみよう！

 A: How often do you travel abroad?

B: Once a year.

 A: What do you like about traveling?

B: I like seeing new places and trying new things!

 A: Do you miss Japanese food?

B: No. I usually bring a suitcase full of instant noodles.

A：外国人女性　　B：日本人男性

A: 海外にはどのくらい頻繁に行きますか？

B: 年に1回です。

A: 旅行のどんなことが好きですか？

B: 私は新しい場所を見たり、新しいことをやってみたりするのが好きです。

A: 日本食が恋しくなりますか？

B: いいえ。たいていインスタント麺でいっぱいのスーツケースを持って行きます。

Step Up ⤴ | miss　〜がなくて寂しい、恋しい

年に1度は海外旅行に出かけるBさん。旅行中に日本食が恋しくなるかと思いきや、スーツケースいっぱいにインスタント麺を持って行って、食べているのですね。新しいことをするのが好きだというBさんには、旅行先のその地方独特の食べ物にもチャレンジしてほしいものです。

Take 2

 No.58

こんな表現もあるよ！

 A: Do you travel overseas much these days?

この頃たくさん海外旅行していますか？

B: Yes, once or twice a year.

はい、1年に1度か2度。

 A: What's your favorite thing about traveling?

旅行で一番好きなことは何ですか？

B: I like seeing new places and trying new things!

 A: Do you miss Japanese food?

B: No. I usually bring a suitcase full of instant noodles.

30

Camping

キャンプ

🎧 No.59

会話を聞き取りましょう！

笑えたかな？

Take 1

一人二役で声に出して読んでみよう！

A: Would you like to go camping with us this summer?

B: Thanks, but no thanks. I loved camping when I was young. Not so much anymore.

A: Why don't you like camping now?

B: There are too many bugs, and it is too dirty.

A: So, you don't like the outdoors anymore?

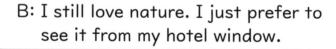

B: I still love nature. I just prefer to see it from my hotel window.

A：外国人男性　　B：日本人女性

A：今年の夏、僕たちとキャンプに行かない？

B：ありがとう、でも大丈夫。若い頃はキャンプが大好きだった。今はそれほどでもないの。

A：どうして今はキャンプが好きじゃないの？

B：あまりにたくさん虫がいるのと、汚すぎるからよ。

A：だから、アウトドアはもう好きじゃないの？

B：今でも自然は大好きよ。ただホテルの窓からそれを見る方が好きなの。

Step Up ♪↗

Would you like to ～　～しませんか？（丁寧な勧誘表現）
bug　虫
dirty　汚い

若い頃は平気だったはずの虫が、大人になると苦手になってしまったBさん。キャンプでアウトドアを満喫するよりも、ホテルの窓越しに自然を楽しみたいようです。これでは、自宅でネイチャー系のテレビ番組を見るのとあまり変わらないですね。

Take 2

こんな表現もあるよ！

A: **We're planning a camping trip, do you want to come?**

キャンプの計画を立ててるんだけど、一緒に行く？

B: Thanks, **but I'll pass.** I loved camping when I was young. Not so much anymore.

でもパスするわ。

A: Why don't you like camping now?

B: **There are always mosquitos in my tent.**

テントの中にいつも蚊が入ってくるし。

A: So, you don't like the outdoors anymore?

B: I still love nature. I just prefer to see it from my hotel window.

Chapter 4
Concerns and Worries
関心ごと・心配ごと

Column

私のグレートジャーニー

年末に掃除をしていると懐かしいものが出てきました。大学4年生のときに行ったヨーロッパ一人旅の日記です。フランスから始まりイギリスまで13カ国3カ月の旅でした。目的は、英会話の実践と外国で見聞を広げること。訪れた町は50以上。宿泊費を含め1日の予算は5千円。人生最大の学びとなったグレートジャーニーでした。

泊まっていたのはほとんどユースホステル。そこで同じように旅する若者に会いました。多くは英語圏以外の国からで、中には私より英語ができない人も。そんなときは、Do you know ~? のあとにミュージシャンや有名人の名前を入れ、それだけで何時間も話しました。知っている英語でなんとかコミュニケーションをとる！　私の原点です。

イタリアのローマでは、英語で話したいという前向きな気持ちが仇になり、自称ブラジル人にだまされました。なんとビール1杯で12万円も取られることに。実は私はお酒が飲めないのですが…　英語表現を覚えるだけでなく、相手の本性を見抜く力も大切だということを知りました。それは日本人同士でもたまに難しいものです。

スペインでは、現地で知り合った3人の日本人とレンタカーでマラガ、コルドバ、セビリアを回りました。途中、砂漠で車が故障、レンタカー屋から損害賠償を求められることに。私の英語混じりのスペイン語で、根気よく感情を込め交渉しました。結局、30万の請求額が2万円で決着。交渉術の極意のかけらを学んだ経験でした。

Kids' Education

子供の教育

 No.61

会話を聞き取りましょう！
笑えたかな？

Take 1

 No.61

一人二役で声に出して読んでみよう！

 A: Do your kids need help with their homework?

B: Yes. These days, I help them every night.

 A: What is their worst subject?

B: Math and science. It is the same as when I was in school.

A: That must be a challenge for you.

B: It is. I have to stay up late and study the next chapter.

A：外国人女性　　B：日本人男性

A: あなたのお子さんたちは宿題の助けを必要としていますか？

B: ええ。この頃は毎晩手伝っています。

A: お子さんたちが一番苦手な科目は何ですか？

B: 数学と理科です。私が学生の時と同じです。

A: それはあなたには大変なことに違いないですね。

B: そうなんです。遅くまで起きて次の章を勉強しなければなりません。

Step Up	stay up late　遅くまで寝ないで起きている chapter　（書籍などの）章

自分が子供の宿題を手伝うBさん。学生の頃に苦手だった科目を教えるため、夜遅くまで起きて勉強して次の宿題に備えます。これは笑えないですね。

Take 2

 No.62

こんな表現もあるよ！

A: **Do you help your kids study in the evening?**

夜に子供たちの勉強を手伝いますか？

B: Yes. These days, I help them every night.

A: **What are they having trouble with?**

彼らは何に苦労していますか？

B: Math and science. **They take after me.**

彼らは私に似ています。

A: That must be a challenge for you.

B: It is. I have to stay up late and study the next chapter.

Work

仕事

🎧 No.63

会話を聞き取りましょう！
笑えたかな？

Take 1

 No.63

一人二役で声に出して読んでみよう！

 A: Have you been working a lot of overtime?

B: Yes, about 15 hours this week.

 A: Why so much?

B: I am taking a four-day weekend, so I need to prepare.

A: Well, at least you will have a few days to enjoy yourself.

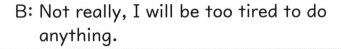 B: Not really, I will be too tired to do anything.

A:外国人女性　　B:日本人男性

A: たくさん残業をしていますか？

B: はい、今週は約15時間です。

A: なぜそんなにたくさんしているんですか？

B: 4連休を取るので、準備の必要があるんです。

A: まあ、少なくとも2、3日は楽しめるのでしょうね。

B: そうでもなくて、あまりに疲れすぎて何もやる気になれないでしょう。

Step Up	overtime　残業
	four-day weekend　（週末の）4連休

休暇を取るために残業をしているBさん。あまりに長時間の残業で、休暇を楽しめずに疲れを取るだけになりそうです。もったいない！ でも、Bさんみたいな人が私たちの周囲にもいそうですね。

Take 2

No.64

こんな表現もあるよ！

 A: **Do you have to work late a lot?**

たくさん遅くまで働かなければなりませんか？

B: **Yes, three or four hours every evening.**

はい、毎晩3、4時間。

 A: **I didn't know your company was so busy.**

あなたの会社がそんなに忙しいとは知りませんでした。

B: I'm taking a four-day weekend, so I need to prepare.

 A: Well, at least you'll have a few days to enjoy yourself.

B: Not really, I'll be too tired to do anything.

33

Cost of Living

物価

🎧 No.65

会話を聞き取りましょう！
笑えたかな？

Take 1

一人二役で声に出して読んでみよう！

 A: The news says that the cost of living increased by 2% last year.

B: Yes, many things have become much more expensive.

A: Everything is going up and up.

B: Some things are going down, though.

A: Really? Like what?

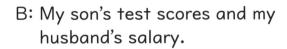 B: My son's test scores and my husband's salary.

A:外国人男性　　B:日本人女性

A: ニュースでは、物価が昨年2%上昇したと言ってるね。

B: そうね、たくさんのものがより高くなってきているわ。

A: あらゆるものがだんだん上がってきてるよね。

B: 下がっているものもいくつかあるけどね。

A: 本当に？　どんなものが？

B: うちの息子のテストの点数と夫の給料よ。

Step Up	cost of living　物価 increase by 2%　2%上昇する

物価上昇などあらゆるものが上がっていますが、B
さんの息子さんの成績と旦那さんのお給料は下がっ
ているようです。これはいいオチですね。

Take 2

 No.66

こんな表現もあるよ！

A: The paper said that prices are going up again this year.

新聞で物価が今年再び上昇していると言ってるよ。

B: Everything seems to cost more these days.

この頃すべての値段が上がってるわ。

A: Gasoline, groceries, entertainment ... everything is going up.

ガソリン、日用品、娯楽…全部が上がってるね。

B: Some things are going down, though.

A: Really? Like what?

B: My son's test scores and my husband's salary.

34

Future Plans

将来の計画

🎧 No.67

会話を聞き取りましょう！
笑えたかな？

Take 1

一人二役で声に出して読んでみよう！

 A: Where do you want to be five years from now?

B: I will be a surfing instructor in Hawaii!

 A: Wow! How will you accomplish that?

B: Right now, I am studying English for life in Hawaii.

A: What comes next?

B: I don't know. I guess I should learn how to surf.

A：外国人女性　　B：日本人男性

A: 今から5年後、どこにいたい？

B: ハワイでサーフィンのインストラクターになってるだろうな。

A: すごい！　どうやって成し遂げるの？

B: ちょうど今は、ハワイでの生活のために英語を勉強してるよ。

A: 次はどうするの？

B: さあね。サーフィンの仕方を習うべきだろうな。

Step Up ↗ | accomplish　成し遂げる
I don't know.　ここでは「わかりません」というよりは「さあね」の意味。

 5年後の自分はハワイでサーフィンのインストラクターになっているだろうと言っているBさん。これからサーフィンを習うのですね。それで大丈夫なのでしょうか？　計画を達成するためにはいろいろな準備をしなければなりません、その順番も大切ですね。

Take 2

こんな表現もあるよ！

A: **Where do you see yourself five years from now?**

今から5年後に自分はどこにいると思う？

B: **I want to open a surfing school in Hawaii.**

ハワイでサーフィンの学校を開きたいんだ。

A: Wow! **What's your plan?**

あなたの計画はどんなの？

B: Right now, I'm studying English for life in Hawaii.

A: What comes next?

B: I don't know. I guess I should learn how to surf.

35

Aging

老化

🎧 No.69

会話を聞き取りましょう！
笑えたかな？

Take 1

一人二役で声に出して読んでみよう！

 A: Lately I feel like I am getting older.

B: Really? In what way?

 A: My hair is starting to go gray, so I have to dye it.

B: You are lucky!

A: I am lucky? Why?

B: Because you can't dye a bald spot.

A:日本人女性　　B:外国人男性

A: 最近年を取ってきたように感じるわ。

B: 本当に？　どんな点で？

A: 髪が白髪になり始めてて、染めなきゃいけないのよ。

B: 君はラッキーだね！

A: 私がラッキー？　どうして？

B: はげているところは毛染めできないからね。

Step Up ♪ | dye　毛染めをする
bald　はげ頭の

クスッとPOINT
白髪になり、年齢を感じているAさん。対してそれを
うらやましく思うBさん。白髪染めをする髪の毛が
ないのです。baldでもbold（大胆な）な生き方はで
きるはず！

Take 2

 No.70

こんな表現もあるよ！

A: I've started feeling my age recently.

最近自分の年齢を感じ始めてるの。

B: Everyone feels like that sometimes.

誰でも時々そういう風に感じるよ。

A: I'm finding more and more gray hairs every day, even though I dye my hair.

髪を染めているのに、毎日段々たくさんの白髪が見つかるのよ。

B: You're lucky!

A: I'm lucky? Why?

B: Because you can't dye a bald spot.

Money

お金

 No.71

会話を聞き取りましょう！
笑えたかな？

Take 1

 No.71

一人二役で声に出して読んでみよう！

 A: I wish I could take home a little more every month.

 B: Only a bit more? Why is that?

A: It seems like more doors open when you have money.

 B: True. I have noticed that people with money get better service.

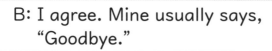

A: They say that money talks.

 B: I agree. Mine usually says, "Goodbye."

A：日本人男性　B：外国人女性

A: 毎月もう少したくさんのお金を家に入れられたらいいのに。

B: もう少しだけ？　それはなぜ？

A: お金があれば、もっと多くの扉が開かれると思うんだよ。

B: 本当ね。お金のある人はより良いサービスを受けているし。

A: 金が物を言うと言うからね。

B: 同感。私の場合は、「サヨナラ」と言うわ。

Step Up 🎵 | a bit　ちょっぴり
| money talks　金が物を言う

クスッとPOINT　もう少しお金が欲しい2人。お金が物を言って良いサービスを受けられる人がいる反面、Bさんには「サヨナラ」と言ってお金は離れていってしまうようです。悲しい現実です。

Take 2

 No.72

こんな表現もあるよ！

A: I often wish I made a bit more money.

もう少しお金を稼げたらとよく思うんだ。

B: What makes you say that?

どうしてそんなこと言うの？

A: Having money lets you have better experiences.

お金を持っていると、より良い経験ができるんだよ。

B: True. I've noticed that people with money get better service.

A: They say that money talks.

B: I agree. Mine usually says, "Goodbye."

Dieting

ダイエット

🎧 No.73

会話を聞き取りましょう！
笑えたかな？

Take 1

一人二役で声に出して読んでみよう！

 A: My doctor says that I need to lose weight.

B: My friends and I go to the gym twice a week. Care to join us?

 A: That sounds like fun! I would love to!

B: Great! We meet at a cafe before the gym. We usually go out for dinner after.

A: Are you losing weight?

B: No, but we have found a lot of good restaurants!

168

A:外国人女性　B:日本人男性

A: お医者さんが、私は体重を減らす必要があると言ってるの。

B: 友人と僕は週2回ジムに通ってるよ。一緒に行く？

A: 楽しそうね！ 是非行きたいわ！

B: よし！ ジムの前にカフェで集まるんだ。たいていはその後
　　夕食に出かけるよ。

A: 体重は減ってるの？

B: いいや、でもいいレストランをたくさん見つけたよ！

Step Up ↗	lose weight　体重を減らす
	Care to join us?　参加しませんか？
	I would love to ~　ぜひとも~したい

ダイエットはたくさんの自虐ネタを提供してくれ
る話題です。減量のためにジム通い。まずはカフェ
に集合してお茶を飲んでから、帰りはレストランへ。
これでは痩せそうにありませんね。

Take 2

 No.74

こんな表現もあるよ！

A: **My doctor says I need to go on a diet.**

私のお医者さんは、私はダイエットする必要があると言ってるの。

B: **That sounds familiar.** My friends and I go to the gym twice a week. Care to join us?

よくある話だね。

A: **That's an awesome idea!** I'd love to!

それすごくいいわね！

B: Great! We meet at a cafe before the gym. We usually go out for dinner after.

A: Are you losing weight?

B: No, but we've found a lot of good restaurants!

Relationships

人間関係

🎧 No.75

会話を聞き取りましょう！
笑えたかな？

Take 1

一人二役で声に出して読んでみよう！

 A: Do you get along well with your coworkers?

B: More or less.

 A: Do you ever go out together?

B: Of course! We all play golf together on the weekends.

 A: Every week? That sounds like fun.

B: Not really, we have to let the boss win.

A:外国人女性　　B:日本人男性

A: 同僚とはうまくやってる？

B: まあまあだね。

A: 一緒に出かけたりするの？

B: もちろん。週末にみんなで一緒にゴルフをするよ。

A: 毎週？　それは楽しそうね。

B: そうでもないよ、上司を勝たせなくちゃいけないからね。

Step Up ⌐ | get along well with 〜　〜とうまくやっていく
coworker　同僚
More or less.　まあまあ

週末に会社の同僚たちとみんなでゴルフに行くBさん。よほどみんな仲がいいのかと思いきや、上司を勝たせる接待ゴルフでした。接待ゴルフを英語でズバリ表現するのは難しいですが、取引先とのゴルフやお酒の席は欧米でもあります。

173

Take 2

 No.76

こんな表現もあるよ！

A: **Are you friendly with your coworkers?**

同僚とは親しいの？

B: **I think so, yes.**

うん、そう思うよ。

A: **Do you do things together outside of work?**

仕事以外で一緒にいろいろなことをしたりする？

B: Of course! We all play golf together on the weekends.

A: Every week? That sounds like fun.

B: Not really, we have to let the boss win.

39

Towns

町

🎧 No.77

会話を聞き取りましょう！
笑えたかな？

Take 1

一人二役で声に出して読んでみよう！

 A: Are you getting used to living in Tokyo?

B: Not really. It is too big for me.

 A: Are you from a small town?

B: Yes, I am from a very small town in Hokkaido.

A: Really? How small is it?

B: It is so small that our town square was a triangle!

176

39 Towns 町

A：外国人女性　　B：日本人男性

A: 東京に住むことに慣れてきてますか？

B: あまり。私には大きすぎます。

A: あなたは小さな町の出身なのですか？

B: はい、北海道のとても小さな町の出身です。

A: そうなんですか？　どのくらい小さいのですか？

B: あまりに小さいので、町の広場が三角形でした。

Step Up
get used to ~ing　〜することに慣れる
town square　町の中心の広場

クスッとPOINT

広場をsquareと呼びますが、squareは形でいうと四角。それがsquareではなく、それより小さい三角のtriangleだった。これはレベルの高いジョークかも。

Take 2

No.78

こんな表現もあるよ！

A: **Are you enjoying Tokyo life?**

東京での生活を楽しんでいますか？

B: Not really. **There are too many people.**

人が多すぎます。

A: **You prefer small towns?**

小さな町の方が好きなんですか？

B: Yes, I'm from a very small town in Hokkaido.

A: Really? How small is it?

B: It's so small that our town square was a triangle!

40

Housing

住宅

🎧 No.79

会話を聞き取りましょう！
笑えたかな？

179

Take 1

一人二役で声に出して読んでみよう！

 A: Which do you prefer, living in an apartment or a house?

B: They both have good points, but I live in a house.

 A: Why not an apartment?

B: I have always had too many nosy neighbors.

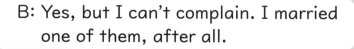 A: Don't you have nosy neighbors anymore?

B: Yes, but I can't complain. I married one of them, after all.

A:外国人女性　　B:日本人男性

A: マンションと一軒家のどっちに住むのが好き？

B: 両方とも良い点があるけど、私は一軒家に住んでいます。

A: なぜマンションじゃないの？

B: いつもお節介なご近所さんがあまりにたくさんいたんだ。

A: お節介なご近所さんはもういないの？

B: いるけど、でも文句は言えないな。結局、その一人と結婚したからね。

Step Up ♪↗ | nosy　お節介な
after all　結局

クスッとPOINT　マンションにはたくさんお節介なご近所さんがいたので、一軒家の方が好きなBさん。一軒家に住んでもお節介なご近所さんが。ご近所というよりは、身内の奥さんでした。これじゃBさんは毎日が大変そうですね。

Take 2

 No.80

こんな表現もあるよ！

A: **Do you prefer living in an apartment to a house?**

一軒家かマンション、どっちに住みたい？

B: **I don't ever want to live in an apartment again.**

マンションにはもう二度と住みたくないな。

A: **What's wrong with apartments?**

マンションの何がよくないの？

B: I have always had too many nosy neighbors.

A: Don't you have nosy neighbors anymore?

B: Yes, but I can't complain. I married one of them, after all.

著者プロフィール

浦島　久 (うらしま・ひさし)

1952年北海道豊頃町生まれ。小樽商科大学(経営学)卒、帯広畜産大学修士課程(農業経済)修了。大学卒業後に松下電器産業株式会社(現社名：パナソニック株式会社)へ入社するが、1977年に北海道へUターンし、帯広市にて英語教室「イングリッシュハウス・ジョイ」を設立。現在は、ジョイ・イングリッシュ・アカデミー学院長、小樽商科大学特認教授。

著書に『聞ける、話せる、続けられる 英会話は質問力』(オープンゲート)、『音読JAPAN 英語でいまのニッポンを語ろう！』(IBC)、『1分間英語で自分のことを話してみる』(共著、KADOKAWA)、写真集『ハルニレ』(IBC)など36冊。うち7冊が韓国、1冊が台湾で翻訳出版されている。趣味は、写真(風景)、音楽(ジャズ)、カーリング(世界シニアカーリング選手権2009、2010、2013、2014、2018出場)。

その他として、豊頃町観光大使、帯広市文化賞受賞(2016)、文部科学省検定済中学校英語教科書『ONE WORLD English Course』著作者。

ブログ「浦島久の玉手箱」
http://www.joyworld.com/blog/

YouTubeチャンネル「JOYの玉手箱」
https://www.youtube.com/channel/UCqwJ0o_FMExajolkeeHX6KA

アーロン・クラーク

カナダ・オンタリオ州ポートコルボーン市生まれ。トレント大学(ピーターボロ市)にて人類学を専攻。卒業後、数年間フリーランスのライター及びコミュニケーション・コンサルタントとして働く。2003年に来日し、北海道釧路市にて子供向け英語教室の講師として勤務。2014年よりジョイ・イングリッシュ・アカデミー(帯広市)の専任講師、帯広大谷短期大学非常勤講師。

趣味は車、オートバイ、木工、料理、・・・。特に好きなのは、家族と過ごす時間。

「クスッと」フレーズで心が近づく

一人二役英会話トレーニング

2021年5月19日　初版　第1刷発行

著者	浦島 久、アーロン・クラーク
発行者	天谷 修平
発行	株式会社オープンゲート
	〒101-0051　東京都千代田区神田神保町2-14　SP神保町ビル5階
	TEL：03-5213-4125　FAX：03-5213-4126
印刷・製本	株式会社　ルナテック

ISBN 978-4-910265-08-7 Printed in Japan